BEI GRIN MACHT SICH IHR WISSEN BEZAHLT

- Wir veröffentlichen Ihre Hausarbeit, Bachelor- und Masterarbeit

- Ihr eigenes eBook und Buch - weltweit in allen wichtigen Shops

- Verdienen Sie an jedem Verkauf

Jetzt bei www.GRIN.com hochladen und kostenlos publizieren

Julia Trebes

Leistungen der aktiven Arbeitsförderung nach SGB III

GRIN Verlag

Bibliografische Information der Deutschen Nationalbibliothek:

Die Deutsche Bibliothek verzeichnet diese Publikation in der Deutschen Nationalbibliografie; detaillierte bibliografische Daten sind im Internet über http://dnb.d-nb.de/ abrufbar.

Dieses Werk sowie alle darin enthaltenen einzelnen Beiträge und Abbildungen sind urheberrechtlich geschützt. Jede Verwertung, die nicht ausdrücklich vom Urheberrechtsschutz zugelassen ist, bedarf der vorherigen Zustimmung des Verlages. Das gilt insbesondere für Vervielfältigungen, Bearbeitungen, Übersetzungen, Mikroverfilmungen, Auswertungen durch Datenbanken und für die Einspeicherung und Verarbeitung in elektronische Systeme. Alle Rechte, auch die des auszugsweisen Nachdrucks, der fotomechanischen Wiedergabe (einschließlich Mikrokopie) sowie der Auswertung durch Datenbanken oder ähnliche Einrichtungen, vorbehalten.

Impressum:

Copyright © 2011 GRIN Verlag GmbH
Druck und Bindung: Books on Demand GmbH, Norderstedt Germany
ISBN: 978-3-656-37902-7

Dieses Buch bei GRIN:

http://www.grin.com/de/e-book/209973/leistungen-der-aktiven-arbeitsfoerderung-nach-sgb-iii

GRIN - Your knowledge has value

Der GRIN Verlag publiziert seit 1998 wissenschaftliche Arbeiten von Studenten, Hochschullehrern und anderen Akademikern als eBook und gedrucktes Buch. Die Verlagswebsite www.grin.com ist die ideale Plattform zur Veröffentlichung von Hausarbeiten, Abschlussarbeiten, wissenschaftlichen Aufsätzen, Dissertationen und Fachbüchern.

Besuchen Sie uns im Internet:

http://www.grin.com/

http://www.facebook.com/grincom

http://www.twitter.com/grin_com

Universität Augsburg

Philosophisch- Sozialwissenschaftliche Fakultät

M6D: Rechtliche Rahmenbedingungen der Erwachsenen- und Weiterbildung

Frau Nicole Luthardt

Sommersemester 2011

Leistungen der aktiven Arbeitsförderung nach SGB III

Vorgelegt von Julia Trebes

Seminargruppe 1: Mittwoch, 17:30 – 19:00 Uhr

Abgabedatum: 29.09.2011, Augsburg

Julia Trebes 2. Semester
Bachelor Erziehungswissenschaft

Inhaltsverzeichnis

Seite

1. Einleitung..1

2. Die Arbeitsmarktpolitik...2

3. Die Arbeitsförderung...2

   3.1 Die Ziele der Arbeitsförderung..3

   3.2 Die Leistungen der Arbeitsförderung..4

4. Allgemeine Informationen zur aktiven Arbeitsförderung................5

   4.1 Die Leistungen der aktiven Arbeitsförderung...................................6

   4.2 Der Vorrang der aktiven Arbeitsförderung.......................................6

5. Beratung...7

   5.1 Die Berufsberatung...8

   5.2 Die Arbeitsmarktberatung..9

6. Abschließende Worte..10

7. Literaturverzeichnis

1. Einleitung

Auf der Suche nach einem Hausarbeitsthema dachte ich gemäß dem Seminar „Rechtliche Rahmenbedingungen der Erwachsenen- und Weiterbildung" über erwachsene Menschen nach, bezogen auf das Stichwort Weiterbildung. Meine Überlegungen führten mich zur beruflichen Weiterbildung und so kam ich auf den Aspekt der Arbeit.

Es ist Fakt, dass die Arbeit eine primäre Stellung im menschlichen Dasein einnimmt und dass die Arbeit den Menschen sozusagen ausmacht. Ohne Arbeit kein Mensch. Deshalb besteht die Wichtigkeit, den Beschäftigungsstand und damit auch die Beschäftigungsfähigkeit in unserer Gesellschaft aufrecht zu erhalten. Es stellte sich mir die Frage, ob es eigentlich rechtliche Rahmenbedingungen dafür gibt und falls ja, welche. Auf der Suche nach einer Antwort stieß ich auf das SGB III mit dem Arbeitsförderungsgesetz.

Da dieses Thema gut zum besuchten Seminar passte, befand ich es für angebracht, mich damit auseinanderzusetzen.

Im Verlauf dieser Arbeit sollen die Methoden der aktiven Arbeitsförderung gemäß SGB III dargestellt werden, im Kapitel 2 soll zunächst ein Überblick über die Arbeitsmarktpolitik im Allgemeinen gegeben werden. Dabei wird auf das 3. Kapitel übergeleitet, welches sich zunächst allgemein mit der Arbeitsförderung beschäftigt, um dann in den Unterpunkten 3.1 bzw. 3.2 auf die Ziele bzw. Leistungen der selbigen einzugehen.

Anschließend wird ab dem nächsten Überpunkt in Kapitel 4 dem Thema der Arbeit entsprechend speziell auf die aktive Arbeitsförderung eingegangen, zunächst werden allgemeine Informationen dazu gegeben, um dann in Punkt 4.1 auf die Leistungen und in 4.2 auf den Vorrang der aktiven Arbeitsförderung einzugehen.

Als letzter großer Überpunkt wird in Kapitel 5 die Beratung als eine zentrale Leistung der aktiven Arbeitsförderung aufgeführt; dieses Kapitel wird desweiteren untergliedert in die Berufsberatung (Punkt 5.1) und die Arbeitsmarktberatung (5.2).

Dabei wird- wie bereits angesprochen- gemäß dem Thema dieser Arbeit immer der Bezug zum Sozialgesetzbuch III mit den darin enthaltenen Regelungen hergestellt.

2. Die Arbeitsmarktpolitik

Ein Mittel, um auf die beständige Arbeitslosigkeit zu antworten und ihr entgegenzuwirken, besteht in der Arbeitsmarktpolitik (vgl. Bundesministerium für Familie, Senioren, Frauen und Jugend, o.J.). Diese beinhaltet alle Maßnahmen, die angewandt werden, um das Gleichgewicht auf dem Arbeitsmarkt aufrechtzuerhalten bzw. wieder herzustellen. In erster Linie wird der Blick hier, wie oben schon beschrieben, auf Arbeitslose geworfen (vgl. Gabler Verlag- Gabler Wirtschaftslexikon, o.J.).

Die primäre Verantwortung für die gesamte Handhabung der Arbeitsmarktpolitik trägt der Staat und steckt somit auch die rechtlichen und finanziellen Rahmenbedingungen hierfür ab (vgl. Bäcker, Naegele, Neubauer u.a. 2008, S. 534).

Die Finanzierung der Arbeitsmarktpolitik resultiert aus Beitragszahlungen von sowohl Arbeitnehmern als auch Arbeitgebern zur Arbeitslosenversicherung, daneben werden Gelder aus allgemeinen Steuermitteln zur Finanzierung der Arbeitsmarktpolitik verwendet (vgl. ebd.).

Die Quintessenz der Arbeitsmarktpolitik bildet die Arbeitsförderung, die maßgebliche gesetzliche Basis der Arbeitsmarktpolitik findet sich also im Sozialgesetzbuch III wieder, welches die Regelungen zur Arbeitsförderung enthält und die Bundesagentur für Arbeit als zuständige Institution darstellt (vgl. ebd.).

Der Aspekt der Arbeitsförderung wird nun im folgenden Verlauf dieser Arbeit genauer untersucht.

3. Die Arbeitsförderung

Unter Arbeitsförderung lässt „sich die gezielte Einflussnahme auf das Arbeitsangebot zum Zwecke effektiverer Nutzung des Arbeitskräftepotentials verstehen" (Bauer 1992, S. 142).
Im Jahre 1969 wurde das bisherige „Gesetz über die Arbeitsvermittlung und Arbeitslosenversicherung (AVAVG)" von 1927 vom „Arbeitsförderungsgesetz (AFG)" abgelöst. Der Aspekt der Arbeitsvermittlung wurde somit durch die Berufsberatung und die Ausbildungsstellenvermittlung erweitert, der Fokus wurde also auf eine vorsorgliche und aktiv gestaltende Arbeitsförderung gelegt (vgl. ebd., S. 145.) „Die Hoffnungen, längerfristige Arbeitslosigkeit im Vorfeld vermeiden zu können und durch eine kluge und vorausschauende Verbindung von Arbeitsmarkt-, Beschäftigungs-, Wirtschafts- und Bildungspolitik Vollbeschäftigung sichern zu können, haben die Überlegungen […] geleitet" (Kronauer 2010, S. 66). Diese Erwartungen haben sich allerdings nicht erfüllt (vgl. ebd. S. 67) und so trat am 1. Januar 1998 das Sozialgesetzbuch III, kurz SGB III in Kraft; die Förderung von Arbeitsbeschaffungsmaßnahmen wurde damit im SGB III geregelt (vgl. Handbuch der AVuAB, o. J.).

Mit der Einführung des Job- AQTIV- Gesetzes (Aktivieren, Qualifizieren, Trainieren, Investieren und Vermitteln) am 01.01.2002 - welches auch „Gesetz zur Reform der arbeitsmarktpolitischen Instrumente" genannt wird – sollte die Praxis des SGB III noch präventiver werden. Der Langzeitarbeitslosigkeit sollte vorgebeugt werden, indem Arbeitssuchende so schnell wie möglich in Berufe vermittelt werden. Eine weitere Absicht bestand darin, Arbeitslose zu aktivieren, um eine Wiedereingliederung in das Berufsleben zu erleichtern, z.b. mit training on the job (vgl. Riedmüller, Kull 2007, S. 90). „Die Verabschiedung des Job- AQTIV- Gesetzes führte [deshalb, d. Verf.] zu der bis dahin umfassendsten Reform des Sozialgesetzbuches III […]" (ebd.).

Im SGB III wird also zwischen Maßnahmen, die „sich auf den Bereich Beschäftigung und Arbeitsmarkt, auf Leistungen zum Erhalt und zur Schaffung von Arbeitsplätzen, sowie auf Leistungen bei Arbeitslosigkeit bzw. Zahlungsunfähigkeit des Arbeitgebers beziehen" (Boeckh, Huster, Benz 2004, S. 203f.) unterschieden.

3.1 Die Ziele der Arbeitsförderung
In der heutigen Gesellschaft ist die Wirtschaft von ständigem Wachstum und Fortschritt geprägt, deshalb ist es notwendig, die Arbeitskräfte an diese Veränderungen anzupassen. Dies soll möglichst komplikationslos geschehen, sodass keine Verluste durch Widerstände entstehen. Hierfür übernimmt die Arbeitsförderung die Verantwortung, indem sie sich darum bemüht, ein Fundament bei den Arbeitskräften zu schaffen, sodass diese mit neuen wirtschaftlichen und gesellschaftlichen Herausforderungen umzugehen lernen (vgl. Bauer 1992, S. 142). Die konkreten Ziele werden in SGB III §1 beschrieben und bestehen darin, dem Aufkommen von Arbeitslosigkeit entgegenzuarbeiten bzw. den Zeitraum von Arbeitslosigkeit zu verringern. Außerdem wird ein hoher Beschäftigungsstand angestrebt. Ein Mittel hierfür besteht darin, eine Balance von Angebot und Nachfrage auf dem Ausbildungs- und Arbeitsmarkt herbeizuführen, d.h. dass zum Beispiel freie Ausbildungsstellen schnell besetzt werden. Desweiteren wird versucht, die beruflichen Leistungsfähigkeiten der Menschen bzw. die Struktur der Beschäftigung im Allgemeinen zu optimieren (vgl. Bäcker, Naegele, Neubauer u.a. 2008, S. 542). Außerdem wird die Gleichrangigkeit von Frau und Mann als Grundsatz der Arbeitsförderung beabsichtigt (vgl. SGB III §1 Abs. 2 Punkt 4). Hierbei gilt jedoch zu beachten, dass bei der Realisierung der Arbeitsförderung den von der Bundesregierung gesetzten Zielen der Finanz-, Sozial- und Wirtschaftspolitik nicht widersprochen werden darf (vgl. SGB III §1 Abs.1 Satz 5). Diese Ziele bestehen u.a. darin, mehr Arbeitsplätze zu schaffen und die soziale Gerechtigkeit zu bewahren (vgl. Bundesministerium der Finanzen 2011).

Zusammenfassend lässt sich sagen, dass die Arbeitsförderung darauf abzielt, allen sozialen Gruppen die Möglichkeit auf eine Arbeits- bzw. Ausbildungsstelle zu ermöglichen, hierbei sollen die Beschäftigungsverhältnisse möglichst einer Richtlinie folgen (vgl. Bauer 1992, S. 142).

Es ist jedoch wichtig anzumerken, dass die Arbeitsförderung allein kein Wundermittel dafür ist, um Vollbeschäftigung zu erreichen. Vielmehr bedarf es dem Zusammenspiel von mehreren Faktoren, so wären z.B. Veränderungen auf dem Arbeitsmarkt nötig, wie eine Ausdehnung der betrieblichen Öffnungszeiten oder tarifliche Änderungen (vgl. Eichenhofer 2007, S. 251). Denn wie in §1 des SGB III deutlich wird, soll die Arbeitsförderung „den Ausgleich von Angebot und Nachfrage auf dem Ausbildungs- und Arbeitsmarkt [lediglich, d. Verf.] unterstützen".

3.2 Die Leistungen der Arbeitsförderung

Um die o.g. Ziele zu erreichen, dienen verschiedene Methoden, welche von der Bundesagentur für Arbeit verwaltet, angeboten und durchgeführt werden (vgl. Boeckh, Huster, Benz 2004, S. 204). In §3 des SGB III werden diese Leistungen in solche für Arbeitnehmer, Arbeitgeber und für Träger von Arbeitsförderungsmaßnahmen eingeteilt.

Arbeitnehmern werden neben der *Berufsberatung* sowie *Ausbildungs- und Arbeitsvermittlung* desweiteren Maßnahmen angeboten, welche *motivieren und so zur beruflichen Eingliederung verhelfen sollen*. Daneben gibt es viele weitere, wie Arbeitslosengeld bzw. Teilarbeitslosengeld sowie *finanzielle Unterstützungen zum Start einer selbstständigen Tätigkeit*. Auch werden *geldliche Beteiligungen an einer beruflichen Ausbildung* oder an *Vorkehrungen, die auf einen Beruf vorbereiten* sollen genauso wie eine *Übernahme von Weiterbildungskosten* als Leistungen der Arbeitsförderung angeboten. Desweiteren kommen Aspekte wie *Kurzarbeitergeld, Wintergeld* und Insolvenzgeld bei Zahlungsunvermögen des Arbeitgebers hinzu.

Leistungen gegenüber den Arbeitgebern bestehen in der *Arbeitsmarktberatung* sowie *Ausbildungs- und Arbeitsvermittlung*, d.h. dass die Bundesagentur für Arbeit z.B. Ausbildungssuchende an Firmen vermittelt. Stellt ein Betrieb z.B. Menschen ein, die in ihrer Leistungsfähigkeit beeinträchtig sind (z.B. *Behinderte* bzw. *Schwerbehinderte*), so stehen *Zuschüsse zur Lohnbezahlung für diese Mitarbeiter* zur Verfügung. Dasselbe gilt für Arbeitgeber, welche die *berufliche Weiterbildung der Mitarbeiter begünstigen*. Auch gehören *Rückzahlungen von Zusteuerungen zur Sozialversicherung für Empfänger von Saison- Kurzarbeitergeld* zu den Leistungen der Arbeitsförderung.

Auch Träger von Arbeitsförderungsmaßnahmen erhalten *Zuschüsse*, z. B. *für Institutionen der beruflichen Wiedereingliederung* (vgl. SGB III §3).

In SGB III §1 Abs. 2 werden die Absichten dieser Leistungen genannt. So soll die Überschaubarkeit auf dem Arbeits- und Ausbildungsmarkt gesteigert werden und die schnelle Einnahme von freien Stellen soll genauso wie die berufsbezogene und regionale Mobilität unterstützt werden. Durch die Erweiterung des Know- How bei den Menschen sollen die beruflichen Fähigkeiten weiterentwickelt werden. Ein weiteres Ziel dieser Leistungen, welches m.E. sehr wichtig ist besteht darin, die Lage von Frauen im Berufsleben besser zu gestalten. Hierfür soll der faktische Rückstand der Frauen gegenüber den Männern überwunden werden und somit auch der Arbeitsmarkt, welcher sehr von einer Geschlechtsspezifität zum Nachteil der Frauen gestaltet ist. Mit diesem Aspekt geht auch die Förderung von Frauen einher.

Desweiteren soll mithilfe der Leistungen von Arbeitsförderung unterstützt werden, dass Menschen entsprechend ihrer Leistungen gefördert werden, unterwertiger Beschäftigung soll also entgegengetreten werden.

Berechtigte dieser Leistungen sind Heimarbeiter, Auszubildende, Ausbildungs- und Arbeitsuchende, Arbeitslose, von Arbeitslosigkeit bedrohte Arbeitnehmer, Langzeitarbeitslose, Behinderte Menschen und Berufsrückkehrer (vgl. SGB III §§13-20).

Nach §22 Abs. 1 dürfen diese Leistungen nicht bewerkstelligt werden, wenn andere Institutionen durch das Gesetz dazu verpflichtet sind, entsprechende Leistungen auszuführen.

Die soeben genannten Leistungen können in aktiv und passiv unterteilt werden. Diese Arbeit soll sich mit der aktiven Arbeitsförderung beschäftigen, weswegen diese im weitergehenden Verlauf genauer untersucht wird.

4. Allgemeine Informationen zur aktiven Arbeitsförderung

Unter aktiver Arbeitsförderung wird allgemein die Verminderung der bestehenden Arbeitslosigkeit mithilfe einer Verringerung der Zeitspanne von Arbeitslosigkeit eines Individuums verstanden (vgl. Bäcker, Naegele, Neubauer u.a. 2008, S. 541). Eine weitere Definition, welche speziell die aktive Arbeitsförderung erklärt, lautet:

„Arbeitslosigkeit soll durch *aktive Leistungen* der Bundesagentur für Arbeit verhindert werden, bevor sie entstehen kann" (Boeckh, Huster, Benz 2004, S. 204).

Die aktive Arbeitsförderung macht also von verschiedenen Maßnahmen Gebrauch, um eine (Re-)Integration von Erwerbslosen in den Arbeitsmarkt herbeizuführen (vgl. Bundesministerium für Familie, Senioren, Frauen und Jugend, o.J.).

Im Gegensatz dazu besteht die Aufgabe der passiven Arbeitsförderung m.E. darin, Arbeitslose finanziell zu unterstützen; sie zielt aber nicht wie die aktive Arbeitsförderung darauf ab, die Menschen wieder ins Arbeitsleben zu bringen.

4.1 Leistungen der aktiven Arbeitsförderung

Durch die soeben genannte Erklärung wird die Unterscheidung der Leistungen in aktiv und passiv etwas verdeutlicht.

So zählen zu den Diensten der aktiven Arbeitsförderung alle Leistungen der Arbeitsförderung unter Ausschluss von Arbeitslosengeld bei Arbeitslosigkeit, Insolvenzgeld und Teilarbeitslosigkeit (vgl. SGB III §3 Abs. 4). Alle Leistungen wurden bereits in Kapitel 2.2 angeführt, diejenigen, welche der aktiven Arbeitsförderung zuzuschreiben sind, wurden kursiv geschrieben.

Es ist wichtig anzumerken, dass ein Eigenengagement von Arbeitnehmern gefordert wird, wenn diese also von Arbeitslosigkeit bedroht sind, ist es ihre Aufgabe, sich sofort an die Agentur für Arbeit zu wenden. Diese kümmert sich dann im Gegenzug um die Leistungen, wie z.B. die Weitervermittlung (vgl. Bäcker, Naegele, Neubauer u.a. 2008, S. 543).

Da die Vermittlung eine sehr relevante Leistung der Arbeitsförderung darstellt (vgl. ebd.), gilt dies m.E. auch für die Beratung. Deshalb soll auf Letztere im späteren Verlauf dieser Arbeit noch genauer eingegangen werden.

4.2 Vorrang der aktiven Arbeitsförderung

Im SGB III §5 wird erklärt, dass vor einem Einsatz der Leistungen der aktiven Arbeitsförderung immer überlegt werden muss, welches Ziel damit verfolgt wird. Das heißt auch, dass es notwendig ist, die Leistungen auf Resultate der Beratungs- und Vermittlungsgespräche zu beziehen. Der Zweck dahinter ist, dass sonstigen Leistungen, die zur Erstattung des Lohnes bei Arbeitslosigkeit dienen, ausgewichen und dass mit der Entwicklung von Langzeitarbeitslosigkeit präventiv umgegangen werden kann.

Außerdem ist es die Aufgabe der Agentur für Arbeit, diejenige(n) Leistung(en) zu wählen, welche für die bestimmte Situation angebracht ist/ sind. Dabei muss auch auf die Leitmotive der Wirtschaftlichkeit und Sparsamkeit geachtet werden.

Kriterien, nach denen man sich bei der Auswahl der Leistungen richten soll, sind neben den Qualifikationen der zu unterstützenden Personen auch die Kapazität des Arbeitsmarktes und der Handlungsbedarf, der aus den Resultaten der Beratungs- und Vermittlungsgespräche festgestellt werden kann (vgl. SGB III §7).

Im nachfolgenden Kapitel dieser Arbeit soll im Speziellen auf die Leistung der Beratung eingegangen werden.

5. Beratung

Unter Beratung versteht man „die Abgabe und Erörterung von Handlungsempfehlungen durch Sachverständige, wobei von den Zielsetzungen des zu Beratenden und von relevanten Theorien unter Einbeziehung der individuellen Entscheidungssituation des Auftraggebers auszugehen ist [...]" (Gabler Verlag- Gabler Wirtschaftslexikon, o.J.). Aus dieser Definition wird ersichtlich, dass der Berater lediglich die Position des „Klärungshelfers" (Weidenmann 2003, S. 89) einnehmen soll, seine Aufgabe ist es also, zusammen mit dem zu Beratenden Möglichkeiten zur Lösung zu konzipieren und diese abzuwägen. Für welche sich der Ratsuchende letztendlich entscheidet, sei ihm ganz allein überlassen (vgl. ebd., S. 88).

Das Beratungsgespräch kann als eine spezielle Form von Interaktion zwischen Menschen dargelegt werden, die sich von den alltäglichen durch einen durchdachten, kompetenten Aufbau unterscheidet (vgl. Mutzeck 2008, S. 14). Es ist wichtig anzumerken, dass eine Beratung sofort beendet werden muss, wenn sie über das hinausreicht, was der zu Beratende zulässt (vgl. ebd., S. 15).

Die Beratung umfasst ein sehr breites Spektrum, sie findet also in vielen verschiedenen Lebensbereichen Anwendung. Schon allein, wenn man das Wort „Beratung" in eine Internetsuchmaschine eintippt, kommen unterschiedlichste Facetten dieser Thematik zum Vorschein. So zum Beispiel die psychologische Beratung, Jugend- und Elternberatung, Arbeitsmarktberatung, medizinische Beratung, Berufsberatung und Schwangerschaftsberatung, um nur einige wenige zu nennen.

Speziell zur aktiven Arbeitsförderung zählen die Aspekte der Berufs- und Arbeitsmarktberatung, welche in den folgenden Kapiteln genauer untersucht werden. Die Agentur für Arbeit ist dafür zuständig, denjenigen diese Beratungsformen zu offerieren, die entweder bereits am Arbeitsleben teilnehmen oder deren Intention es ist, daran teilzunehmen. Wie im 4. Punkt dieser Arbeit bereits erläutert wurde, müssen auch die Arbeitsmarkt- und Berufsberatung dem individuellen Bedarf der Ratsuchenden angepasst werden. Dabei soll die Agentur für Arbeit sowohl das Wissen über den kompletten europäischen Arbeitsmarkt als auch die gesammelten Erkenntnisse aus der Kooperation mit ausländischen Arbeitsverwaltungen mit einbeziehen (vgl. SGB III §29).

5.1 Die Berufsberatung

Diese ist auf (zukünftige) Arbeitnehmer gerichtet und beinhaltet gemäß SGB III §30 die „Erteilung von Auskunft und Rat" zu den vielfältigen Auswahlmöglichkeiten des Berufsspektrums, zur beruflichen Entwicklung und zum Wechsel von Berufen. Auch Informationen über die Situation und das Wachstum des Arbeitsmarktes und der Berufe zählen genauso wie die Beratung zu den Möglichkeiten der beruflichen Bildung zum Aspekt der Berufsberatung. Außerdem werden durch die Berufsberatung Hilfestellungen zur Ausbildungs- und Arbeitsplatzsuche angeboten sowie ein Überblick über die Leistungen der Arbeitsförderung gegeben. Soweit die Aspekte der Ausbildungsförderung und schulischen Bildung für die Berufswahl bzw. die berufliche Bildung von Bedeutung sind, gibt die Berufsberatung auch dazu Auskunft und Antworten.

Die Ziele der Berufsberatung bestehen also darin, Berufsorientierungen zu geben, indem sie auch auf die Herausforderungen und die Perspektiven des jeweiligen Berufs eingeht (vgl. SGB III §33 Abs. 1,2).

Es wird ersichtlich, dass diejenigen die Leistung der Berufsberatung in Anspruch nehmen, die sich nicht im Klaren über ihre berufliche Zukunft sind. Dabei werden die Menschen nach ihren Befähigungen und Vorlieben bewertet (vgl. Plakos- dein Karrieresprung, o.J.) und bekommen dementsprechend „individuelle Ausbildungsmöglichkeiten, Weiterbildungsmöglichkeiten, Umschulungsmöglichkeiten, Stellenangebote, Berufsinformationen, Berufseignungstests, Schnupperkurse, Praktika u.v.m." (ebd.) zur Verfügung gestellt. Dies wird auch in SGB III §31 festgelegt, genauso wie der Gesichtspunkt, dass die Agentur für Arbeit auch nach dem Antritt einer Berufsausbildung oder einer Arbeit die ratsuchende Person unterstützen kann, soweit dies für eine Festigung des Ausbildungs- bzw. Arbeitsverhältnisses nötig ist.

Berufliche Beratung hilft Menschen bei der oft schwierigen Aufgabe, Arbeit in das Leben mit einzufügen (vgl. Haas 2003, S. 257). Die Berufsberatung stellt demnach eine Leistung dar, die sich speziell mit den subjektiven Konzepten der Arbeitswelt der Ratsuchenden beschäftigt. Dabei stehen sowohl die Methoden zu einer Lösung als auch der Zielgedanke selber im Vordergrund (vgl. ebd.).

Soweit die Berufsberatung ein Thema der Bundesagentur für Arbeit darstellt, findet sie gebührenfrei statt. Diese Form der Beratung steht allen Bedürftigen frei zur Verfügung (Gabler Verlag- Gabler Wirtschaftslexikon, o.J.).

Auch heutzutage spielt die Arbeitslosigkeit in unserer Gesellschaft eine große Rolle. M.E. wird die Berufsberatung nicht allein deswegen immer mehr an Bedeutung gewinnen. Wie oben schon beschrieben, zählen auch weitere Dienstleistungen, welche zu einer Optimierung

der Beschäftigungsfähigkeit führen sollen, zu dieser Thematik. Die Gewährleistung solcher zusätzlicher Angebote wie z.b. Umschulungen oder Schnupperkurse stellt eine der zentralsten Herausforderungen für die Politik dar (vgl. OECD, o.J. S. 25).

5.2 Die Arbeitsmarktberatung

Diese ist von der Berufsberatung zu differenzieren (vgl. Gröner, Fuchs- Brüninghoff 2009, S. 17) und soll bezogen auf die Arbeitgeber bei der Besetzung von Ausbildungs- und Arbeitsstellen behilflich sein, die Agentur für Arbeit muss einem Arbeitgeber dann eine Arbeitsmarktberatung offerieren, wenn eine freie Stelle innerhalb eines bestimmten Zeitraumes nicht besetzt werden kann (vgl. Bäcker, Naegele, Neubauer u.a. 2008, S. 543).

Die Arbeitsmarktberatung soll demnach über die Umstände und Entwicklung des Arbeitsmarktes und der Arbeitsfelder, über die Besetzung von Ausbildungs- und Arbeitsplätzen und über die Organisation von Arbeitsplätzen, -bedingungen und der -zeit informieren. Desweiteren soll über die betriebliche Aus- und Weiterbildung, über die Integration von Auszubildenden oder Arbeitnehmern, welche die Notwendigkeit einer besonderen Förderung aufweisen sowie über die sonstigen Leistungen der Arbeitsförderung informiert werden.

Die Agentur für Arbeit soll die Beratung, so anwenden, dass Ausbildungs- und Arbeitsplätze für die Vermittlung errungen werden können. Sie soll außerdem von sich aus einen Kontakt zu den Arbeitgebern herstellen und pflegen (vgl. SGB III §34).

„Die Agentur für Arbeit kennt die Betriebe und deren Wünsche und bemüht sich aktiv um ein breites Spektrum an Stellenangeboten" (Bundesagentur für Arbeit, o.J.) Dies beinhaltet auch viele Vorteile für die KlientInnen der Bundesagentur für Arbeit (vgl. ebd.), denn so kann diese direkt geeignete KlientInnen an bestimmte Betriebe übermitteln.

6. Abschließende Worte

Zu Beginn des Seminars wusste ich noch relativ wenig über die Erwachsenen- und Weiterbildung Bescheid. Gerade deshalb fand ich es sehr interessant, im Seminar genaueres darüber zu erfahren. Auch durch diese Arbeit eröffnete sich mir ein Themengebiet, von dem ich zwar grob schon mal etwas gehört hatte, mir jedoch nichts Genaueres darunter vorstellen konnte. Ich habe mich noch nie mit den Sozialgesetzbüchern auseinandergesetzt und befand es deshalb für gut, in dieser Arbeit zumindest zu einem der Bücher Kontakt zu bekommen.

Da ich selbst schon einmal die Berufsberatung bei der Agentur für Arbeit in Anspruch genommen habe, war es für mich sehr anregend, mich in diese Thematik intensiv hineinzuarbeiten.

Aktuelle Zahlen der Bundesagentur für Arbeit zeigen, dass im Juli dieses Jahres insgesamt 147000 Personen an Weiterbildungsmaßnahmen teilgenommen haben. 638000 Teilnehmer nahmen Maßnahmen der aktiven Arbeitsmarktpolitik in Anspruch, wobei mit einem Wert von 2,4% genauso viele Arbeitslose ohne Berufsausbildung im Rahmen des SGB III gefördert wurden, als auch schon im Vorjahr (vgl. Bundesagentur für Arbeit Monatsbericht, S. 32 f.). Ich persönlich hätte mir die Zahl der Teilnehmenden nicht so groß vorgestellt und nicht nur deshalb bin ich der Meinung, dass die Instrumente der Bundesagentur für Arbeit, die zu einem möglichst hohen Beschäftigungsstand beisteuern, die Beschäftigungsstruktur ständig verbessern und dem Entstehen von Arbeitslosigkeit entgegenwirken bzw. die Dauer der selbigen verkürzen sollen, immer mehr in unsere Gesellschaft rücken werden. Speziell die Berufsberatung wird meiner Ansicht nach auch in der Zukunft eine große Rolle nicht nur in der Erwachsenenbildung einnehmen, sondern auch bei vielen Jugendlichen wie zum Bsp. Schulabbrechern. Dasselbe gilt natürlich auch für die restlichen Leistungen der aktiven Arbeitsförderung, welche ja im Verlauf dieser Hausarbeit genau dargestellt und erläutert wurden, z.B. der Übernahme von Ausbildungskosten.

Aber auch die Thematik der Ausbildungs- und Arbeitsvermittlung, welche hier nur kurz genannt wurde, wird meiner Meinung nach immer mehr an Bedeutung auf dem Arbeitsmarkt gewinnen, denn für viele Menschen ist dieser nicht klar überschaubar und so werden meiner Meinung nach in Zukunft viele von den Angeboten der Agenturen für Arbeit Gebrauch machen.

7. Literaturverzeichnis

Buchquellen:

- Bauer, Professor Doktor Rudolph (1992): Lexikon des Sozial- und Gesundheitswesens- A-F. München, Wien: Oldenbourg Verlag GmbH
- Kronauer, Martin (2010): Inklusion und Weiterbildung- Reflexionen zur gesellschaftlichen Teilhabe in der Gegenwart. Theorie und Praxis der Erwachsenenbildung. Bielefeld: W. Bertelsmann Verlag GmbH & Co. KG
- Riedmüller, Barbara & Kull, Silke (2007): Auf dem Weg zur Arbeitsmarktbürgerin? Neue Konzepte der Arbeitsmarktpolitik am Beispiel allein erziehender Frauen. Berlin: edition sigma
- Boeckh, Jürgen & Huster, Ernst- Ulrich & Benz, Benjamin (2004): Sozialpolitik in Deutschland- Eine systematische Einführung. Wiesbaden: VS Verlag für Sozialwissenschaften
- Bäcker, Gerhard & Naegele, Gerhard & Bispinck, Reinhard & Hofemann, Klaus & Neubauer, Jennifer (2008): Sozialpolitik und soziale Lage in Deutschland- Band 1: Grundlagen, Arbeit, Einkommen und Finanzierung. Wiesbaden: VS Verlag für Sozialwissenschaften/ GWV Fachverlage GmbH, 4. Auflage
- Eichenhofer, Eberhard (2007): Sozialrecht. Tübingen: Mohr Siebeck, 6. neubearbeitete Auflage
- Weidenmann, Bernd (2003): Gesprächs- und Vortragstechnik- Für alle Trainer, Lehrer, Kursleiter und Dozenten. Weinheim, Basel, Berlin: Beltz Verlag, 2. Auflage
- Mutzeck, Wolfgang (2008): Kooperative Beratung- Grundlagen, Methoden, Training, Effektivität. Weinheim und Basel: Beltz Verlag, 6. vollständig überarbeitete Auflage
- Haas, Hubert (2003): Berufliche Beratung. In: Krause, Christina/ Fittkau, Bernd/ Fuhr, Reinhard/ Thiel, Heinz- Ulrich (Hrsg.): Pädagogische Beratung: Grundlagen und Praxisanwendung, Paderborn: Verlag Ferdinand Schöningh, S. 257
- OECD (2004): Berufsberatung- Ein Handbuch für politisch Verantwortliche
- Gröner, Horst/ Fuchs- Brüninghoff, Elisabeth (2009): Expert Praxislexikon- Berufsausbildung. Über 1500 Begriffe für Ausbilder, Führungskräfte und Personalentwickler. Renningen: expert verlag, 2. Neu bearbeitete und aktualisierte Auflage

Internetquellen:

- Bundesministerium für Familie, Senioren, Frauen und Jugend (o.J.): Gender- Datenreport- Absicherung bei Erwerbslosigkeit- Arbeitslosenversicherung und Arbeitsförderung. Abrufbar unter http://www.bmfsfj.de/Publikationen/genderreport/7-Sozialesicherung/7-4-absicherung-bei-*erwerbslosigkeit*-arbeitslosenversicherung-und-arbeitsfoerderung.html, letzter Zugriff: 23. 08. 2011
- Gabler Verlag (Hrsg.): Gabler Wirtschaftslexikon o.J., Stichwort: Arbeitsmarktpolitik. Abrufbar unter http://wirtschaftslexikon.gabler.de/Definition/arbeitsmarktpolitik.html, letzter Zugriff: 23.08.2011
- Handbuch der AVuAB (o.J.): Durchführungsanweisungen ABM (DA ABM). Abrufbar unter http://www.arbeitsagentur.de/zentraler-Content/A06-Schaffung/A064-Beschaeftigungsverhaeltnisse/Publikation/pdf/DA-260ff-Arbeitsbeschaffungsmassnahmen.pdf, letzter Zugriff: 23.08.2011
- Bundesministerium für Familie, Senioren, Frauen und Jugend (o.J.): Gender- Datenreport- Aktive Arbeitsförderung. Abrufbar unter http://www.bmfsfj.de/Publikationen/genderreport/7-Soziale-sicherung/7-4-Absicherung-bei-erwerbslosigkeit-arbeitslosenversicherung-und-arbeitsfoerderung/7-4-2-aktive-arbeitsfoerderung.html), letzter Zugriff: 23.08.2011
- Gabler Verlag (Hrsg.): Gabler Wirtschaftslexikon o.J., Stichwort: Beratung. Abrufbar unter http://wirtschaftslexikon.gabler.de/Archiv/89425/beratung-v6.html, letzter Zugriff: 23.08.2011
- Plakos, dein Karrieresprung (o.J.): Online Berufsberatung. Abrufbar unter http://www.plakos.de/online-berufsberatung.html, letzter Zugriff: 23.08.2011
- Gabler Verlag (Hrsg.): Gabler Wirtschaftslexikon o.J., Stichwort: Berufsberatung. Abrufbar unter http://wirtschaftslexikon.gabler.de/Definition/berufsberatung.html, letzter Zugriff: 23.08.2011
- Bundesagentur für Arbeit (o.J.): Beratung und Vermittlung. Abrufbar unter http://www.arbeitsagentur.de/nn_25886/zentraler-Content/A04-Vermittlung/A042-Vermittlung/Allgemein/Vermittlungsservices.html, letzter Zugriff: 23.08.2011
- Bundesagentur für Arbeit (Hrsg.): Monatsbericht- Der Arbeits- und Ausbildungsmarkt in Deutschland Juli 2011 o.J.. Abrufbar unter http://statistik.arbeitsagentur.de/Statischer-Content/Arbeitsmarktberichte/Monatsbericht-Arbeits-Ausbildungsmarkt-

Deutschland/Monatsberichte/Generische-Publikationen/Monatsbericht-201107.pdf, S. 32f., letzter Zugriff: 15.09.2011
- Sozialgesetzbuch Drittes Buch, Abrufbar unter http://www.arbeitsagentur.de/zentraler-Content/A20-Intern/A201-Organisation/Publikation/pdf/Sozialgesetzbuch-Drittes-Buch-SGB-III.pdf, letzter Zugriff: 24.08.2011
- Bundesministerium der Finanzen (o.J.): Finanz-, Haushalts- und Wirtschaftspolitik. Aufgaben und Ziele. Abrufbar unter http://www.bundesfinanzministerium.de/nn_3378/DE/Wirtschaft__und__Verwaltung/Finanz__und__Wirtschaftspolitik/Aufgaben__und__Ziele/node.html?__nnn=true, letzter Zugriff: 15.09.2011